AF331991

RÉFLEXIONS

SUR

LA SUPPRESSION PROJETÉE

DES DISTRICTS,

Communiquées au Comité des Six, chargé d'analyser les projets relatifs à la Constitution.

Toute Assemblée des Représentants d'une Nation Républicaine, qui défendroit aux Citoyens de manifester leurs pensées & leurs opinions, seroit despote.

Tout Citoyen qui n'oseroit pas le faire, seroit un esclave.

C'est d'après cette vérité éternelle, que la Convention vient déposer une des bases constitutionnelles de la République.

Tout homme est libre de manifester sa pensée & ses opinions.

Droits de l'Homme, art. 7.

---

par Bristol homme de loi à Rancourt

PROUVER que les Districts doivent être conservés est une tâche que je m'impose. Si je ne la remplis pas entièrement, j'invite ceux qui sont de mon avis à l'achever.

La demande de la suppression des Districts

A

peut être regardée comme un nouveau piége tendu à nos Légiflateurs par les ennemis de la Liberté françaife. Leur figure inquiéte & fouriante fut un thermomètre qui ne nous trompa jamais à l'approche des jours où leurs confpirations devoient éclater. Par-là notre vigilance fuffifamment avertie, prévint la furprife de l'explofion & les réduifit aux regrets amers de l'inexécution. Lifons encore fur ces figures méchamment éloquentes, & nous y trouverons l'empreinte de la haine implacable qu'ils portent aux Diftricts. Réfléchiffons fur leur conduite, & nous remarquerons qu'ils n'ont rien tant à cœur que de faire perdre aux Adminiftrateurs la confiance publique. Intrigues, calomnies, faux zèle de l'intérêt national & de la religion; telle eft l'âme de leurs penfées & de leur conduite. Il eft donc facile de s'appercevoir que dans leur fyftême de déforganifation, la fuppreffion des Diftricts eft un moyen indifpenfable.

Je ne me bornerai pas à cette conjecture, déja fi rapprochée de l'évidence. Un grand nombre d'excellentes raifons doivent porter à la confervation des Diftricts. Je vais me livrer au développement de quelques unes.

Perfonne n'ignore que le projet de la nouvelle Conſtitution renferme la ſuppreſſion des Diſtricts dans la nouvelle diviſion de la République en Départements, & la ſubdiviſion de ceux-ci en grandes Communes & Sections. Déja ſur la ſimple nouvelle de ce plan, pluſieurs milliers de peres de famille, pouſſent les gémiſſements les plus amers, dans la crainte trop fondée, de perdre leurs dernieres reſſources.

Les uns diſent que cette nouvelle ſubdiviſion va fournir de nouveaux prétextes à de dangereuſes commotions, augmenter la diverſité des ſyſtêmes, & produire peut-être une prévention funeſte contre la République naiſſante.

D'autres ſe récrient contre l'inſtabilité des autorités conſtituées. De là le dégoût d'y occuper des places momentanées, & le peu de reſpect, pour ne pas dire le mépris des adminiſtrés pour les adminiſtrateurs.

Les Citoyens les moins léſés & les plus ſoumis, obſervent qu'il ſeroit de la prudence que la ſuppreſſion des Diſtricts n'eût lieu que lorſque la paix intérieure régneroit, que la loi triompheroit de ſes ennemis nombreux, que la vente des biens nationaux & de ceux des Emigrés

feroit confommée ; lorfque enfin les adminif-
trés auroient à fe plaindre de ces établiffemens
qu'ils paient, & en demanderoient eux-mêmes
la fuppreffion.

Il eft, ce me femble, de grands inconvéniens
qui s'oppofent à la nouvelle réforme. Les villes
où font fixées les chefs-lieux de Diftrict ont
pris en quelque forte une exiftence politique
conforme à ce genre d'adminiftration. Dans les
unes le commerce a été encouragé ; dans d'autres
les domiciles fe font multipliés & tous les habitants ont reffenti dans les différents états, la
commotion donnée par l'établiffement des
adminiftrations. La fuppreffion des Diftricts
néceffitera donc de nouveaux chagemens de
domicile, une fufpenfion ou une nouvelle lan-
gueur dans le commerce, & fera naître un efprit
d'incertitude qui découragera les artifans les plus
actifs, d'où il réfultera que ces villes deviendront
défertes & mal aifées, tandis qu'une feule grande
ville par département concentrant tous les pou-
voirs adminiftratifs, judiciaires & autres, abfor-
bera toute l'aifance & acquérera peut-être bien-
tôt un afcendant qui deviendra funefte à la
liberté.

Une expérience récente nous a appris que la Loi a besoin d'organes extrêmement rapprochés, & dont la voix se fasse promptement & facilement entendre de ceux qui voudroient l'enfreindre. Combien de Municipalités de campagne, infestées d'incivisme, gangrenées de la lepre du fanatisme religieux, nécessitent un District auprès d'elles, pour exciter leurs actions, & faire, par autorité, mouvoir leurs ressorts paralysés ?

D'ailleurs, la fortune publique n'est assise que sur la prospérité individuelle des citoyens. Les Districts donnent l'existence à plus d'un demi-million d'hommes ; si, comme il évident, ces hommes souffrent de la supression, la fortune publique sera elle-même évidemment altérée. En vain allégueroit-on l'économie du trésor national. Les frais des Administrations de District sont payés des sous additionnels sur les contributions. Les Administrés en font facilement le sacrifice en faveur des avantages qu'ils retirent de la proximité des Directoires & des Tribunaux.

Un Directoire de District emploie vingt-quatre individus en Administrateurs, procureur-syndic, secrétaire, commis & servants, trésorier, com-

mis de tréforerie & caiffier : un tribunal a, outre
fept places falariées, vingt ou vingt-cinq avoués,
douze huiffiers, deux commis de greffe, des re-
cors, qui tous par les émolumens fixes ou ca-
fuels de leurs places, vivent avec aifance. Que
deviendra cette portion de citoyens dont la
majeure partie eft pauvre ? beaucoup d'entr'eux
font décrépits, ou déjà avancés en âge, d'autres
font infirmes, & incapables de conduire la char-
rue & de porter les armes. Que deviendront-ils,
je le répète, eux & leur famille, après avoir fait
des facrifices nombreux à la Patrie ? la proie de la
mifere & du défefpoir. Béniront-ils alors la main
qui leur arrachera leur fubfiftance rigoureufe &
indifpenfable ? je ne le puis croire. Quelque bonne que fût la loi qui porteroit la fuppreffion de
ces établiffements, il feroit bien difficile de les
en faire convenir : *ventre affamé n'a point d'o-
reilles.*

On vient de voir que 80 hommes au moins,
par Diftrict, fe trouveroient fans places, & par
conféquent plus de 45,000 dans l'étendue de la
République. Qu'on y joigne tous les marchands,
artifans & manœuvres intéreffés à leur con-
fommation & à leurs dépenfes ; je n'en fuppofe

que six de ceux-ci par chacun de ceux là, & je trouve près de 600,000 citoyens, de qui l'on fera naître le mécontentement & celui de leurs familles.

On m'objectera peut-être que l'intérêt particulier doit s'évanoir devant l'intérêt général. C'est une vérité que les vrais Républicains surtout aimeront toujours à reconnoître, mais ce n'est point ici le cas d'appliquer ce principe. L'intérêt de 600,000 citoyens ne peut passer pour un intérêt privé, sur-tout lorsque le sacrifice que l'on en feroit, ne donneroit à la société aucun dédommagement proportionné.

Supprimer actuellement les Districts, c'est rendre inutiles les premiers frais d'établissement qui se trouvent faits & dont personne ne se plaint. L'esprit d'économie qui dicte cette suppression est un faux esprit; c'est appliquer un palliatif au lieu d'un remede efficace.

En effet, la dépense annuelle de chaque administration de District & des tribunaux qui y sont adhérens, n'exede pas 30,000 liv. la population assujettie au paiement de cette somme est de 40 à 70 mille individus, qui, par les sols additionnels, payent environ de plus le cinquieme de leurs impofitions. Quel eft le citoyen pauvre ou riche qui, pour l'avantage de trouver à fa porte les autorités & la juftice dont il a befoin, ne confentira pas facilement à payer 4 fols pour livre des contributions qu'il doit, plutôt que d'être expofé aux dépenfes d'un long voyage pour fe rendre aux chef-lieux de Départemens?

D'un autre côté, les confommateurs que les chef-lieux de Diftricts attirent, maintiennent ou augmentent le prix des fermes du riche, & affurent la vente prompte & facile des denrées du fermier & du pauvre. Tous les négociants & les marchands y trouvent l'aliment de leur commerce, & l'état ne peut qu'en devenir plus floriffant.

Il ne faut pas, dans les temps de crife où nous fommes, augmenter le nombre des méconten^s & cependant la fuppreffion des Diftricts peut produire cet inconvénient, parce que rien ne dédommageroit du tort qu'elle cauferoit. L'impofition mobiliaire n'éprouveroit aucune diminution, parce que la pofition actuelle de la République, obligée d'entretenir les armées de terre & de mer fur un pied formidable, a befoin de toutes fes reffources. Maintenons - en donc l'étendue autant qu'il est possible, en laissant subsister dans les Districts & les tribunaux des fonctionnaires salariés, qui fournissent au trésor national à raison & proportion de leur traitement, dont le traitement même tourne au profit de ceux qui ne sont pas salariés & allége le poids de l'imposition générale.

J'oserai avancer que la suppression des Districts semble s'écarter de la loyauté française. Il existe une loi qui assure la conservation de leur place aux commis & autres employés dans les administrations de Districts, qui ont volé au secours de la Patrie en danger. Si l'on supprime ces établissements, que deviendront les promesses de la loi renumeratoire? alors la République, pour n'être pas ingrate, sera forcée d'accorder à ces héros une indemnité, sans recevoir d'eux les travaux utiles auxquels il ne pourront plus se livrer.

A toutes ces considérations j'en joindrai encore deux puissantes: la premiere, c'est que la suppression des Districts n'emportera pas avec elle la suppression des travaux qui s'y font. Ces travaux réunis aux chefs-lieux de départements exigeront toujours le même nombre de commis

& les mêmes frais de bureaux. Ces dépenses qui, ayant lieu dans les Diſtricts, contribuoient à les alimenter, ſeront concentrées dans une ſeule ville qui regorgera du néceſſaire aux villes inférieures. Les premiers frais des établiſſemens de Diſtricts & tribunaux tomberont en pure perte; & qui pis eſt, les ſols additionnels n'en éprouveront aucune diminution. La ſeconde conſidération, c'eſt que les habitants des chefs-lieux de Diſtricts, ſalariés ou non, dépourvus des reſſources qu'ils en retiroient, expulſerontdes campagnes qu'ils poſſédent les fermiers qui ſubſiſtoient de leur ſurabondance, pour en jouir par eux-mêmes, & les réduiront ainſi à l'indigence.

J'ai préſumé juſqu'à préſent qu'en ſupprimant les Diſtricts, les tribunaux ſubiroient auſſi le même ſort. Si cela eſt, les juſticiables pauvres feront donc forcés la plupart de parcourir au moins vingt-quatre lieues dans l'aller & le retour pour trouver la juſtice. Le riche ne ſera-t-il pas toujours rendu le premier & ne pourra-t-il pas ſéjourner autant qu'il lui plaira au préjudice de de ſon adverſaire indigent ?

Il faut en convenir, la ſuppreſſion des Diſtricts

emporte des inconvéniens, fans nombre. Je me contenterai d'en citer encore un. Quelque foit l'organifation que l'on donnera à l'éducation publique, rien ne peut lui être plus utile que ce qui peut mettre, dès le jeune âge, fous les yeux des éleves des motifs d'émulation ; & rien ne peut lui être plus funefte que le tableau d'une habitation, fans dignités & fans places. L'efprit d'un enfant qui ne voit que des marchands & des artifans, ne fe développe pas vîte & fes idées ne s'agrandiffent pas au-delà des conoiffances du commerce ; d'ailleurs l'extrême difficulté de pro-curer à leurs enfants le petit nombre de places qui auront lieu dans le chef-lieu de Département, fera regarder par les peres de famille, l'éducation comme la chofe la plus indifférente, & ils fe con-tenteront d'en faire des calculateurs, peut-être, avares & égoïftes, ou laifferont périr le germe de leurs talens dans une oifiveté funefte à l'état & aux mœurs.

Je conclus donc que la fuppreffion des Diftricts & des tribunaux eft impolitique, & que c'eft une parcimonie à laquelle il ne faudroit penfer que quand l'état feroit réduit à cette foible reffource.

Citoyens, telles sont mes réflexions. Je les soumets à votre judicieuse censure. Par elles, je paie à la patrie un tribut que tout bon citoyen lui doit, & je crois avoir des droits à l'impartialité de ceux qui ne sont pas de mon avis, & à l'indulgence des Citoyens, qui pensant comme moi, sont persuadés que l'on peut mieux traiter cette bonne cause.

La confiance que j'ai dans les travaux de la Convention est sans bornes. Sans doute il n'en émanera que des loix sages. Elle sauvera des écueils le vaisseau de l'état & prendra certainement les précautions nécessaires, pour le mettre à l'abri des tempêtes excitées par l'aristocratie. Pour moi, admirateur sensible de son triomphe & de son repos, je contemplerai du port avec l'esprit du civisme & de l'obéissance, la gloire que nos législateurs lui auront assurée, & j'oublierai facilement mon opinion particulière pour n'écouter plus que la voix de la loi même qui l'aura contredite. Tels doivent être les sentimens de tous les Républicains, parce que *l'obéissance à la loi, est le premier devoir du citoyen.*

1. Mai 1793.

L'an 2. de la République f.